Manual de gramática y escritura

Grado 2

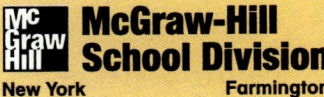

**McGraw-Hill
School Division**

New York   Farmington

McGraw-Hill School Division

A Division of The McGraw-Hill Companies

Copyright © McGraw-Hill School Division, a Division of the Educational and Professional Publishing Group of The McGraw-Hill Companies, Inc.

Editorial Development: Hudson Publishing Associates

McGraw-Hill School Division
Two Penn Plaza
New York, New York 10021

Printed in the United States of America.

ISBN 0-02-245157-9 / 2
3 4 5 6 7 8 9 079 04 03 02 01

PARTE 1: ESCRITURA 4

PARTE 2: DESTREZAS DE ESTUDIO Y DESTREZAS DEL LENGUAJE 28

PARTE 3: MODELOS DE ESCRITURA 92

PARTE UNO

Escritura

CONTENIDO

PROCESO DE ESCRITURA

¿Qué haces *tú* cuando escribes? ¿Cómo comienzas? Cada quien tiene su manera de escribir, pero la mayoría de los escritores siguen los mismos pasos. Dichos pasos forman el proceso de escritura, y te sirven para poner tus ideas por escrito.

Antes de escribir

¿Qué pasa antes de empezar a escribir? Primero, *¡piensas* sobre qué vas a escribir! Eliges un tema y luego buscas ideas para desarrollarlo. En este manual aprenderás a planear muy bien tus escritos.

Hacer un borrador

Ya tienes todas tus ideas. ¿Qué sigue? Cuando *haces un borrador*, escribes tus ideas en un papel. No te preocupes aún por la ortografía. ¡Sólo escribe!

Revisar

¿Ya está listo tu escrito? ¡Por supuesto que no! Es la hora de revisarlo. Cuando *revisas*, observas muy bien tu trabajo para asegurarte de que has escrito lo que quieres decir. Escribes nuevas oraciones o les cambias el orden para que el texto tenga más lógica. Añades detalles. La revisión te ayuda a mejorar tu escrito.

Corregir

¿Quieres que tu escrito brille? ¡Púlelo! Precisamente eso es lo que haces cuando lo *corriges*. Te aseguras de que todas tus oraciones tienen la puntuación adecuada. Verificas la ortografía de todas las palabras. Corriges todos los errores. La corrección ayuda a que tu mensaje sea claro.

Publicar

Hay muchas formas de compartir con otros tu trabajo. ¡Eso se llama *publicar!* Haz tu propio libro, representa tu cuento o diseña una revista para la clase.

7

ANTES DE ESCRIBIR

Determinar el propósito y el público

¿Para qué escribes? ¿Para explicar algo? ¿Para mostrar tus sentimientos? La razón por la que escribes se llama *propósito*.

Piensa en quién leerá tu escrito. Tus lectores son tu *público.* Si tienes presente quién es tu público te será fácil comunicar tus ideas.

Escoger el tema

¿Sobre qué vas a escribir? Es posible que tu maestra te dé un tema. O podrías inventarte uno. ¿Y qué si no se te ocurre nada? Puedes trabajar con un compañero o compañera. Una *lluvia de ideas* te ayuda a encontrar temas interesantes.

Hay temas muy amplios. Tanto, ¡que podrías escribir todo un libro sobre cada uno de ellos! Decide qué es lo más importante que quieres decir en tu escrito. Y, mientras escribes, *céntrate* en tu tema y no lo cambies.

Organizar las ideas

Prepara un plan para escribir. Escribe tus ideas en un orden que tenga sentido. Una ayuda gráfica podría servirte, por ejemplo, una red de palabras.

Ayudas gráficas

Esta red de palabras da ideas para escribir un cuento sobre un cachorro.

Investigar y consultar

En esta etapa, descubrirás nuevas ideas y encontrarás información sobre tu tema. Haz una lista de las preguntas que quieres averiguar. Decide dónde buscarás respuesta a tus preguntas: en la biblioteca, en Internet o hablando con un experto.

HACER UN BORRADOR

recuerda

Escribe con lápiz. Deja una línea en blanco entre cada renglón. De esta manera, podrás hacer tus correcciones fácilmente.

Sigue estos consejos para hacer tu borrador:

▶ Anota tus ideas. Después podrás corregir los errores.

▶ A medida que escribes, revisa tu plan para asegurarte de que lo estás siguiendo.

▶ Escribe la idea principal.

▶ Piensa en tu propósito y público.

▶ Usa detalles que ayuden al lector a imaginar lo que estás contando.

REVISAR

Terminaste tu primer borrador. Ahora, revísalo.

▶ ¡Da detalles! Explica cómo se ven, huelen, saben, suenan y se sienten las cosas.

▶ Escoge palabras que vayan bien con tu tema y tu público.

▶ ¿Están en orden tus oraciones? ¿Suenan bien cuando las lees? ¿Repetiste una idea en más de una oración?

CORREGIR

▶ Asegúrate de que todas las palabras estén bien escritas.

▶ ¿Comienzan con mayúscula todas tus oraciones?

▶ Coloca la puntuación correcta a cada una de tus oraciones.

▶ Deja sangría al comienzo de cada párrafo.

▶ Revisa la gramática.

recuerda

Usa los siguientes signos al corregir.

[∧] Añade texto o letra.

[ﻌ] Borra texto o letra.

[≡] Usa mayúscula.

[/] Usa minúscula.

[¶] Empieza un párrafo nuevo con sangría

[⊙] Coloca punto.

PUBLICAR

Cuando haces un dibujo bonito, te gusta que otros lo vean. De la misma manera, puedes compartir con otros tu escrito. He aquí algunas ideas para que lo publiques:

▶ Ponle unos dibujos y arma un libro.

▶ Conviértelo en una tarjeta.

▶ Envíaselo a un amigo en una carta o en un mensaje electrónico.

▶ Ponle música para convertirlo en una canción.

AUTOREVISIÓN

Dedica un rato a pensar en lo que has escrito:

▶ ¿Qué me gusta de mi escrito? ¿Qué cambios le haría?

▶ ¿Es claro mi **propósito**? ¿Lo entenderá mi **público**?

▶ ¿Hice un buen plan? ¿Cómo puedo **ordenar** mejor mis ideas la próxima vez?

▶ ¿Di buenos **detalles**? ¿Cómo explico mejor mis ideas?

▶ ¿Cuáles son mis mejores oraciones? ¿Corregí todos los errores?

Ten en cuenta estos consejos cuando presentes tu trabajo y cuando tus compañeros te presenten sus trabajos:

Escuchar

- ▶ Deja que la persona termine de hablar antes de hacerle preguntas.
- ▶ Escucha con atención para que sepas cuáles son las ideas principales.
- ▶ Anota los detalles importantes.

Hablar

- ▶ Observa a tu público.
- ▶ Asegúrate de que todos puedan oírte.
- ▶ Pon expresión en la voz.

Observar

- ▶ Observa a la persona que habla para saber qué siente.
- ▶ Si hay ilustraciones o tablas, fíjate en los detalles.

Presentar

- ▶ Usa dibujos o fotos para describir tu tema.
- ▶ Practica cómo hablar y cómo moverte.
- ▶ Graba tu presentación y revísala. ¿Cómo podrías hacerla más interesante?

TIPOS DE ESCRITURA

NARRACIÓN PERSONAL

Lobo, mi cachorro, es mi mejor amigo. Es suave, peludito y le encanta que lo abracen. El lunes fue su cumpleaños. Yo le regalé una cama blandita y un tazón azul brillante. Lobo movía muchísimo la cola. No paraba de saltar. Y yo no paraba de reírme.

En una *narración personal* cuentas una historia acerca de ti mismo. Puede ser sobre algo que realmente sucedió. En una *narración personal* cuentas lo que hiciste, lo que viste y lo que sentiste.

Al escribir una narración personal **reflexionas** sobre gente, lugares y cosas importantes de tu vida. Recuerdas y piensas en las cosas que *te* gustan.

Usa detalles para ayudar a tu público a ver y sentir las cosas de la misma forma que tú. Escribir sobre tu vida es una forma de compartir tus ideas. Se trata de tu historia, y nadie la puede contar mejor que tú.

recúerda

Usa palabras que indiquen el orden de los sucesos para mostrar cuándo sucedieron las cosas.

▶ *hoy*
▶ *primero*
▶ *después*
▶ *por último*

15

ESCRITURA DESCRIPTIVA

El feroz dragón tiene garras largas y curvas. Su piel es áspera y de color verde musgo. En la espalda, tiene dos enormes alas verdes que se mueven hacia adelante y hacia atrás muy lentamente.

¿Muestra este párrafo cómo es el dragón? ¿Ves cómo mueve las alas? ¿Sientes su piel áspera ?

La escritura descriptiva habla de personas, lugares y cosas. Usa este tipo de escritura para pintar con palabras.

¡ojo!

Antes de comenzar, haz una lista de los hechos. Esto te ayudará a contarlos en orden.

Si respondes a preguntas como éstas, podrás hacer que tus lectores se formen una idea de los hechos:

▶ ¿Cómo es lo que quieres describir?

▶ ¿Cómo se siente al tacto?

▶ ¿Qué olor y sabor tiene?

▶ ¿Qué ruido o sonido hace?

Elige palabras que pinten tus ideas claramente. Menciona el nombre de la persona, el lugar o la cosa. Usa verbos que den vida a la acción. ¿Cuál de estas oraciones suena mejor?

El dragón rugió.
El dragón hizo un ruido.

ESCRITURA EXPLICATIVA

¿Te gustaría enseñarle a alguien cómo hornear un pastel? ¿O cómo jugar a un juego? La escritura explicativa indica cómo se hace algo y explica cada paso en el orden correcto. Las siguientes recomendaciones te servirán para que tu escritura explicativa sea clara:

▶ Elige una actividad que tus lectores quieran aprender.

▶ Comenta todos los pasos a seguir.

▶ Asegúrate de poner los pasos en el orden correcto.

▶ Di qué materiales se necesitan. ¿Necesitan una pelota especial para el juego?

Da instrucciones fáciles. Haz una lista de los pasos a seguir y numéralos. Usa palabras que indican orden y lugar para explicar en qué momento hacer cada paso. Por ejemplo, *primero, después,* y *por último.*

ESCRITURA COMPARATIVA

¿Cómo explicarías la diferencia entre un caballo y una cebra? Si no tuvieras una foto o un dibujo para mostrar, ¿cómo podrías explicarla?

¿Contarías dónde viven y qué les gusta comer? ¿Describirías su tamaño, forma y color? ¿Mencionarías las famosas rayas?

La escritura comparativa se usa para dar detalles acerca de diferentes cosas, lugares, personas, animales o ideas. Un buen texto de escritura comparativa:

▶ explica en qué se parecen las cosas.

▶ explica en qué se diferencian.

▶ usa palabras que indican comparación, tales como *también, como, pero* y *de la misma manera.*

La escritura comparativa se usa con diferentes propósitos. Se usa en informes, noticias, tareas de ciencias e incluso diarios de viaje.

ESCRITURA EXPOSITIVA

¿Cómo conseguimos la información que necesitamos? Podemos leer informes acerca de gente, lugares, cosas o hechos. Éstos son ejemplos de *escritura expositiva.* Los artículos de noticias, las biografías y los informes de toda clase son tipos de escritura expositiva, es decir, son textos que *informan.* Un buen texto de escritura expositiva:

▶ tiene una idea principal y varios detalles.

▶ da datos e información.

▶ usa palabras de enlace, como *cuando, pero, pronto* y *después.*

▶ resume información tomada de varias fuentes.

¿Cómo puedes hacer que tu escritura expositiva sea realmente interesante? Intenta dar información que sea nueva para tu público. Incluye imágenes que amplíen la información de tus palabras.

20

CUENTO

¿Qué hace que un cuento sea divertido? Un buen cuento *entretiene* al público: el lector se mantiene interesado desde el comienzo hasta el final.

¿Qué cosas mantienen tu interés? ¿Un personaje favorito? ¿Un ambiente especial? ¿Los hechos sorpresivos?

Con frecuencia, los cuentos se refieren a problemas. Cuentan cómo los personajes resuelven su problema. ¡Hasta un personaje fantástico puede parecer real!

recuerda

Usa descripciones para dar vida a tu cuento.

Éstas son las cosas que van en un cuento:

- Los **personajes** son las personas o cosas que aparecen en el cuento.
- Los **hechos** son las cosas que pasan en el cuento.
- El **ambiente** es el tiempo y el lugar en que transcurre el cuento.
- La **trama** es lo que pasa desde el comienzo hasta el final del cuento.

PROPÓSITOS PARA ESCRIBIR

Al escribir, debes escoger el tipo de escritura que va bien con tu propósito y tu público. Elige el propósito que te interese.

Entretener

Tu historia puede hacer que el lector se sienta feliz o triste. Puedes escribir de un modo serio o divertido. Puedes crear personajes fantásticos o que parezcan reales. Mantén el interés de tus lectores con hechos emocionantes. Cuenta esos hechos en un orden fácil de seguir.

Informar

Puedes darles información nueva a tus lectores. Presenta con claridad la idea principal. Luego, incluye detalles para que los hechos resulten interesantes. ¡Cuéntale a tu público *quién, qué, cuándo, dónde, por qué* y *cómo*!

Describir

Usa palabras impactantes que den vida a tu tema. Cuenta cómo es algo, a qué huele y sabe, y cómo suena y se siente al tacto. Usa tu imaginación y lo que ya sabes sobre las cosas que describes.

Reflexionar

Recuerda cosas que hayas hecho o visto. Piensa en tus sentimientos, o en personas o lugares que conozcas. Cada vez que escribes cartas o tarjetas de agradecimiento, reflexionas. Cosas como ésas dicen lo que sientes.

DIARIO DE ESCRITOR

¿Has visto alguna vez un arco iris? ¿Has visto una puesta de sol encendida? ¿Cómo te has sentido cuando tu equipo ha ganado partidos importantes?

¿De qué maneras podrías *tú* recordar momentos y sentimientos especiales? Es fácil olvidar el azul profundo de aquel arco iris o el anaranjado resplandeciente de aquella puesta de sol. Podrías olvidar lo que sentiste cuando tu equipo te ovacionó en aquel gran partido.

Los escritores tienen una buena manera de recordar lo que vieron o sintieron. Anotan ideas y sentimientos importantes en un cuaderno especial llamado *diario*. ¿Qué cosa es el diario de escritor?

▶ Es tu anotador de ideas y sentimientos.

▶ Es tu anotador de buenos momentos.

▶ Es donde puedes buscar ideas para escribir.

¿Qué clase de diario deberías llevar? He aquí algunas ideas:

- ▶ un cuaderno
- ▶ una carpeta
- ▶ tarjetas de fichero

Para los escritores, los diarios son un tesoro. Los escritores buscan en sus diarios ideas grandes y pequeñas. Éstos son algunos de esos tesoros:

- ▶ ideas para cuentos
- ▶ descripciones
- ▶ ideas principales
- ▶ datos y detalles
- ▶ rimas
- ▶ personajes
- ▶ ambientes
- ▶ palabras impactantes

recuerda

En tu diario puedes dibujar tanto como escribir. ¡Recuerda que una imagen vale más que mil palabras!

¿Qué podrías *tú* poner en *tu* diario? Estas ideas podrían serte útiles:

- ▶ palabras nuevas
- ▶ dichos graciosos
- ▶ ideas para poemas
- ▶ lo que dice la gente
- ▶ datos nuevos
- ▶ ideas para cuentos
- ▶ personas que conoces
- ▶ dibujos

25

ESCUCHAR Y HABLAR

EN PAREJAS

Estas sugerencias te ayudarán a trabajar con tu compañero o compañera.

El papel del que escucha

▶ Escucha todo lo que tu compañero o compañera tenga que decir. No interrumpas. Es posible que él o ella tenga una buena propuesta.

▶ Mantente de buen humor. No te enojes si escuchas algo que no te gusta.

El papel del que habla

▶ Primero, di algo bueno de su escrito. Luego, dale ideas para mejorarlo.

▶ Sé amable. Las cosas negativas hacen menos daño si las dices amablemente.

▶ Muestra con ejemplos lo que quieres decir.

OBSERVAR Y PRESENTAR

OBSERVAR

¡Si escuchas con atención aprenderás fácilmente a ser buen orador!

▶ ¿Cuál es el propósito de la charla?

▶ ¿Qué parte de la charla recuerdas más? ¿Por qué?

▶ Observa con atención al orador. ¿Qué crees que piensa acerca del tema? ¿Qué pistas tienes para creer esto?

PRESENTAR

¡Un plan te ayudará a ser mejor orador!

▶ ¿Cómo comenzarás tu charla?

▶ Si vas a usar ilustraciones o diagramas, decide cómo y en qué momento vas a mostrarlas.

recuerda

Cuanto más ensayes, más fácil te será hacer una buena presentación.

¡ojo!

Graba tu discurso. ¿Hablas claro y fuerte?

28

PARTE DOS

Destrezas de estudio y destrezas del lenguaje

CONTENIDO

DESTREZAS DE ESTUDIO

DICCIONARIO

¿Cuáles son las tres cosas que todo escritor necesita? Un bolígrafo, papel y ¡un diccionario! Un **diccionario** da los significados, o definiciones, de las palabras que usamos. Un diccionario también te indica cómo escribir esas palabras y cómo usarlas en tus escritos.

¿Cómo puedes encontrar una palabra en el diccionario? Las palabras están ordenadas según la secuencia del alfabeto.

Si quisieras encontrar la palabra *bonito*, deberías buscar en la sección de la letra *B*. Si quisieras encontrar la palabra *feo*, deberías ir a la sección de la *F*. *Bonito* aparece antes que *feo*, porque la *B* está antes que la *F* en el alfabeto.

Hay dos **palabras guía** en la parte de arriba de las páginas de un diccionario. Estas palabras indican la primera y la última palabra de la página. Todas las palabras de esa página están comprendidas entre esas dos palabras guía, en orden alfabético.

Para encontrar una palabra en el diccionario sigue los siguientes pasos:

1. Observa la primera letra de la palabra.

2. Busca en el diccionario la sección que corresponde a esa letra.

3. Usa las palabras guía para encontrar la página donde está la palabra que buscas. Observa la segunda letra de la palabra. *Baño* está antes que *bebé*, porque la *a* está antes que la *e* en el diccionario.

recuerda

En un diccionario, cada definición te da un significado. Cuando una palabra tiene más de un significado, el diccionario te dará todos, o al menos los más usados.

CALENDARIO

¿Cuáles son los doce meses del año? ¿Dónde podrías encontrarlos? ¡Observa un calendario! Un **calendario** es una tabla especial que muestra los días, las semanas y los meses del año. También muestra en qué día de la semana cae una fecha.

¿Por qué son importantes los calendarios? Nos muestran cuándo tenemos que ir a ciertos lugares o hacer ciertas cosas. Nos ayudan a hacer planes. También nos recuerdan días especiales, como feriados, cumpleaños, fiestas y días de campo.

Observa este calendario. ¿Qué día feriado hay en julio? Búscalo en el calendario.

JULIO

domingo	lunes	martes	miércoles	jueves	viernes	sábado
		1	2	3	4	5	6
7	8	9	10	11	12	13
14	15	16	17	18	19	20
21	22	23	24	25	26	27
28	29	30	31			

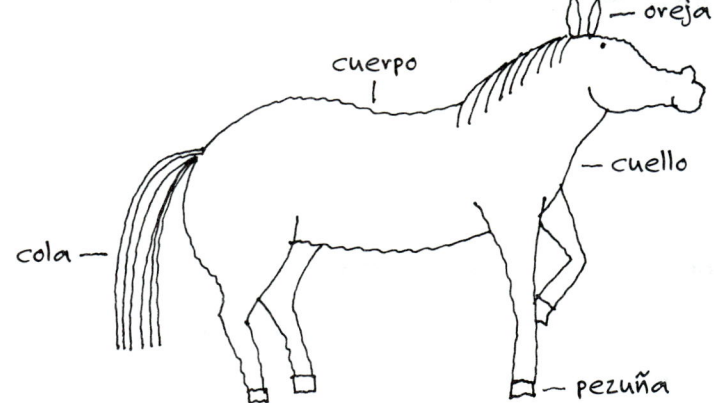

DIAGRAMAS

¿Cómo describirías las partes de un objeto? A veces las palabras bastan. Otras veces, es necesario poner también un dibujo. Entonces usas un diagrama.

Un **diagrama** es un dibujo que muestra las partes de algo. Un diagrama te ayuda a ver dónde va cada parte. Las instrucciones para armar cosas suelen incluir diagramas. Puedes usarlos con tu escritura explicativa para mostrar pasos con mayor claridad. El diagrama de arriba muestra las partes del cuerpo de un caballo.

¿Qué hacen los escritores para que los diagramas sean claros? Escriben **rótulos**. Los rótulos son palabras que indican qué partes se incluyen en un diagrama.

recuerda

Los rótulos deben ser cortos y fáciles de leer. Los mejores son los que tienen sólo una o dos palabras.

TABLAS

¡Datos, datos y más datos! ¿Cómo haces para mostrar tantos datos? A veces tienes demasiada información que escribir.

Las tablas son útiles para mostrar muchos datos. Las **tablas** son listas de datos. Las verás con frecuencia en textos de escritura explicativa, artículos de noticias e informes de estudios sociales.

¿Cómo usas las tablas? Lee la información de arriba a abajo o de derecha a izquierda. Observa la tabla de abajo. Si lees de arriba a abajo, vas a ver una lista de adjetivos y otra de adverbios. Si lees de izquierda a derecha, verás unos adjetivos y los adverbios que se relacionan con éstos.

Adjetivos	Adverbios
triste	tristemente
feliz	felizmente
pacífico	pacíficamente

GRÁFICAS

Hay varias maneras de mostrar información. Puedes mostrarla en una **gráfica**. Hay diferentes clases de gráficas. Una de las más importantes es la gráfica de barras. La **gráfica de barras** muestra cantidades con barras de colores.

El título te dice lo que muestra la gráfica. Los números de abajo muestran cuántas cosas hay. Mueve el dedo a lo largo de las barras hasta dar con el punto donde se encuentra un día con la cantidad de semillas sembradas ese día. ¿Cuántas semillas se sembraron el lunes?

MAPAS

¡Hagamos un viaje! ¿Qué te parece ir a Texas? Podríamos visitar el Centro Espacial y El Álamo. ¿Dónde podríamos encontrar estos lugares? Un mapa nos sería muy útil.

Un **mapa** es el dibujo de un lugar. Los mapas muestran dónde están los lugares. Indican también muchas otras cosas. En este mapa vemos lugares, ciudades y carreteras importantes de Texas.

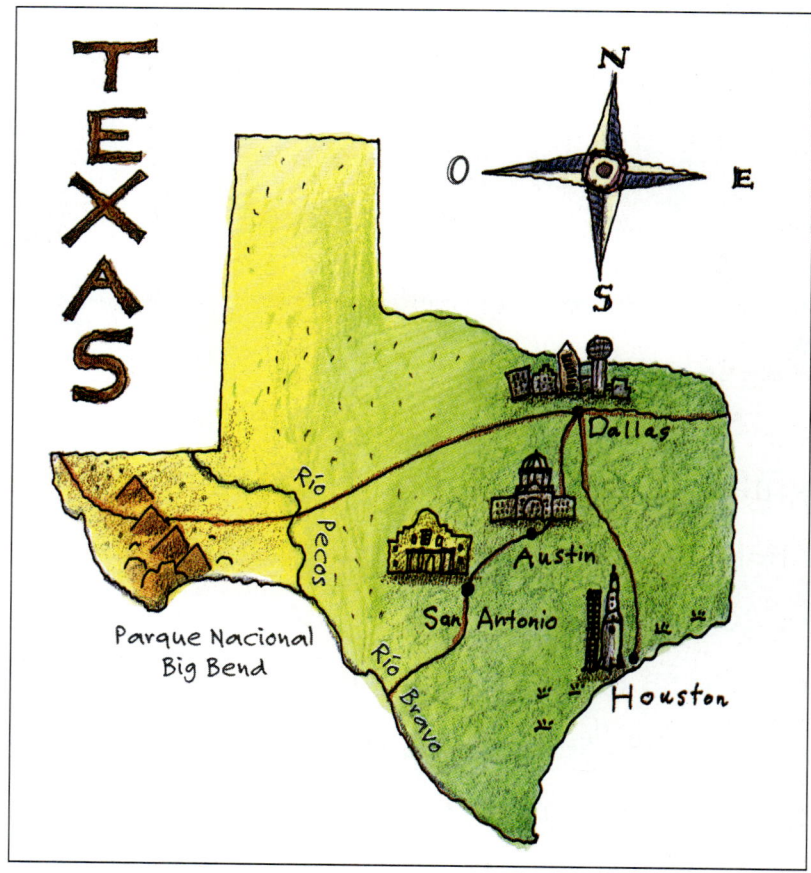

MENÚS

¿Almuerzas en la escuela? ¿Vas a comer a restaurantes? ¡Es divertido comer afuera! Hay muchos buenos platos que escoger en un menú. Un **menú** es una lista de comidas. ¿Cuáles son las partes de un menú?

Tipos de comida

En un menú hay grupos de comidas similares. Todos los sándwiches aparecerán juntos en una sección. Los postres estarán en otra parte. Las bebidas estarán en otra. De esta forma, te será fácil encontrar la comida que quieres.

Detalles

A veces los menús dan información acerca de cada plato. Dan *detalles* para que sepas cómo son los platos; e indican qué alimentos forman un plato.

Precios

Un menú también te dice cuánto cuesta cada producto.

Revisa tus escritos. ¿Qué tipo de escritura sería mejor usar en un folleto? ¿Por qué?

FOLLETOS

Como sabes, un trabajo escrito puede publicarse de muchas maneras. Por ejemplo, en tarjetas, cartas, canciones y poemas. ¿Y qué pasa con los folletos?

Un **folleto** es un cuadernillo. Hay folletos grandes o pequeños. Algunos se doblan. ¡Pueden tener la forma que quieras!

Tipos de folletos

Algunos folletos dan datos, por eso usan la escritura expositiva o la explicativa. Otros folletos describen lugares o cosas, por lo tanto emplean la escritura descriptiva.

Muchos folletos tienen dibujos, tablas o gráficas, que ayudan a los lectores a entender mejor el texto.

INSTRUCCIONES

¿Cómo sabes de qué manera se construye un modelo, o cómo llegar a la casa de un amigo? Sigues instrucciones. Las **instrucciones** son la descripción de los pasos que indican cómo se hace algo.

Las buenas instrucciones son claras y fáciles de seguir. ¿Qué pasaría si trataras de llegar a un lugar y las instrucciones no fueran claras? ¡Podrías perderte!

Sigue estos pasos cuando escribas instrucciones para llegar a un lugar.

1. Haz una lista de las carreteras y calles en el orden correcto.

2. Usa palabras que indiquen el orden de los sucesos, como *primero, después y por último*.

3. Escribe oraciones cortas y fáciles de entender.

4. Haz más claras tus instrucciones añadiendo *puntos de referencia*. Éstos son lugares que tu lector conoce.

39

FORMULARIOS Y SOLICITUDES

Los **formularios** y las **solicitudes** cuentan cosas de ti. Antes de que entraras a la escuela, tu familia tuvo que llenar varios formularios. Necesitas llenar formularios y solicitudes en muchas ocasiones. He aquí algunos ejemplos.

▶ para los archivos de la enfermería de la escuela

▶ para entrar a un equipo deportivo

▶ para obtener la tarjeta de una biblioteca

Los formularios y las solicitudes piden diversos datos. Éste es un ejemplo de una solicitud de tarjeta para una biblioteca:

Nombre:_____

Dirección:_____

_____

Teléfono:_____

Fecha de nacimiento:_____

Firma del niño:_____

Firma del padre
o la madre:_____

Fecha:_____

PARTES DE UN LIBRO

¿Cómo encuentras lo que buscas en un libro? Comienza por aprender las diferentes partes de un libro.

El **título** del libro te dice de qué trata el libro. A veces, el título expresa claramente el tema: *Dinosaurios.* Otras veces, el tema está escondido como en un acertijo. Algunos títulos te invitan a leer el libro: *Comida de sapo y sopa de sarampión*.

El **autor** es la persona que escribió el libro. El **ilustrador** es la persona que hizo los dibujos. A veces quien escribió el libro también hizo los dibujos.

La tabla de **contenido** es una página que está al comienzo del libro. Es una lista de los temas que trata el libro.

El **índice** está al final del libro. Es una lista de los temas que trata el libro, en orden alfabético. La mayoría de los libros de no ficción tienen índice.

DESTREZAS LITERARIAS Y DEL LENGUAJE

NORMAS DE PUNTUACIÓN

El punto

El **punto** se usa al final de una oración.

Las toallas están en el armario.

El **punto** marca el final de una oración imperativa.

Escribe tu nombre. *(orden)*
Habla despacio, por favor. *(petición)*

El **punto** se usa al final de una abreviatura.

Dr.   Sra.

El **punto** se usa después de las iniciales de un nombre propio

L. M. Gómez   P. Álvarez

Los signos de interrogación

Los **signos de interrogación** son los símbolos que van al comienzo y al final de una pregunta.

¿Quieres chocolate?

Los signos de exclamación

Los **signos de exclamación** (o de admiración) son los símbolos que van al comienzo y al final de una oración que expresa una emoción fuerte.

¡Marina pasó todas sus clases!

La coma

La **coma** se usa para separar los nombres de una ciudad y de un estado.

Houston, Texas   Los Ángeles, California

La **coma** se usa para separar dos o más elementos en una serie.

Alba compró dulces, chicles y galletas.

La **coma** se usa tras la despedida en cartas.

Hasta pronto,   Un abrazo,

La **coma** indica también una pausa en la lectura o separa distintas frases dentro de una oración.

Pedro, come tranquilo, pero no te demores.

43

Se usa después de las palabras *Sí* y *No* cuando empiezan una oración que responde a una pregunta.

¿Eres buen estudiante?

Si, soy un buen estudiante.

No, no soy buen estudiante.

Dos puntos

Los **dos puntos** se usan para separar las horas y los minutos.

Me levanto todos los días a las 8:30.

Los **dos puntos** se usan después del saludo en cartas formales e informales.

Querido abuelo: Estimada Sra. Ruiz:

Las comillas

Las **comillas** se usan para repetir lo que alguien ha dicho.

Laura dijo: "Tengo muchos juguetes".

Las comillas se usan para indicar el título de un cuento, un poema o una canción.

Cuento: "El gato con botas"

Canción: "Los elefantes"

Poema: "Dame la mano"

La raya

La **raya** (o guión de diálogo) se usa para distinguir lo que dicen dos personas que hablan.

—Ven a mi casa —dijo Luis.

—Pero solo hasta las tres —dijo Ana.

—¿Por qué? —preguntó sorprendido su amigo.

—¡Porque tengo clase de baile a las cuatro! —respondió Ana.

El guión

El **guión** se usa para señalar la división silábica y para dividir una palabra al final de una línea.

Ayer fui al cine con mis primos y me divertí mucho.

El subrayado y la letra cursiva

El **subrayado** y la **letra cursiva** se usan para indicar el título de un libro, una película o un programa de televisión. El subrayado se usa al escribir a mano. En la computadora, los mismos títulos se señalan con letra cursiva.

Programa de televisión: *Los Picapiedra*

Libro: *La historia interminable*

Película: *El príncipe de Egipto*

NORMAS DEL LENGUAJE

Las abreviaturas

Las **abreviaturas** permiten poner mucha información en poco espacio y facilitan escribir con rapidez. Algunas de las abreviaturas que más se usan en español son las siguientes.

a.m.	antes del meridiano
E	este
h	hora
m	metro
N	norte
O	oeste
p.m.	pasado el meridiano
S	sur

Para escribir cartas dentro de Estados Unidos se usan las **abreviaturas** del correo. Éstas son las abreviaturas de algunos estados.

AZ	Arizona
CA	California
NY	Nueva York
TX	Texas

Las siglas

Las **siglas** son las letras iniciales de cada una de las palabras del nombre de una entidad u organización.

OEA (Organización de Estados Americanos)

UE (Unión Europea)

MAYÚSCULAS Y MINÚSCULAS

La primera palabra de una oración

La **mayúscula** se usa siempre en la letra inicial de la primera palabra de una oración.

La sopa está muy caliente.

Nombres y títulos de personas

La **mayúscula** se usa en la letra inicial de todos los nombres de personas y personajes de cuentos. También en las iniciales de nombres.

Alicia J. Medina   Blancanieves

La **mayúscula** se usa en la abreviatura de los títulos de las personas.

Sr. Alberto Moreno   Dra. Elena Santiago

Nombres de lugar

La **mayúscula** se usa en los nombres de ciudades, estados y países.

> Houston   Nuevo México
> Guatemala   Colombia

La **mayúscula** se usa en los nombres de las características geográficas.

> los montes Apalaches   el río Grande

La **mayúscula** se usa en la letra inicial de los nombres de las calles y edificios.

> Avenida de la Independencia
> edificio América

Minúsculas

La **minúscula** se usa en los nombres de los días de la semana, los meses y las estaciones del año.

> lunes   junio   primavera

La **minúscula** se usa en las palabras que indican nacionalidad o procedencia.

> americano   hispano

GRAMÁTICA

La formación del plural de los sustantivos

Sustantivos en singular	Sustantivos en plural	Ejemplos	
Sustantivos terminados en vocal	Se añade -s.	suel**o** suel**os**	past**o** past**os**
Sustantivos terminados en consonante	Se añade -es.	sal sal**es**	azúcar azúcar**es**
Sustantivos terminados en -z	La -z se cambia por -c y se añade -es.	rapa**z** rapa**ces**	velo**z** velo**ces**
Sustantivos terminados en -ón	Los sustantivos que terminan en -ón pierden el acento al tomar la terminación -es del plural.	regi**ón** regi**ones**	canci**ón** canci**ones**

Formas verbales

El **verbo** es la palabra que expresa acción. Algunas características del verbo son: tiempo, modo, persona y número.

Existen tres **tiempos** verbales: presente, que indica que la acción se realiza en el momento que se habla; pretérito o pasado, que expresa que la acción ya se realizó, y futuro, que indica la acción que se va a realizar.

El **modo** expresa la actitud de la persona que habla. El modo indicativo expresa acciones reales e independientes.

La **persona,** o forma personal, expresa quién realiza la acción del verbo. El **número** indica si la persona que realiza la acción es singular o plural.

La siguiente tabla muestra las formas personales que existen.

Formas personales	Singular	Plural
Primera persona	yo	nosotros/nosotras
Segunda persona	tú	vosotros/vosotras
Tercera persona	él/ella	ellos/ellas

Las **formas impersonales** no indican ninguna de las seis personas que realizan la acción del verbo en el sujeto, y son tres: infinitivo, gerundio y participio.

Las formas del **infinitivo** son aquellas que terminan en *-ar, -er, -ir*.

am**ar**   part**ir**   tem**er**

Las formas del **gerundio** son aquellas que terminan en *-ando* o *-iendo*. Algunos verbos cambian de *-iendo* a *-yendo*.

am**ando**   tem**iendo**   ca**yendo**

Las formas del **participio** son aquellas que terminan en *-ado* o *-ido*.

am**ado**   part**ido**   tem**ido**

Algunos participios son irregulares y, por lo tanto, terminan de forma diferente. Generalmente esas otras terminaciones son: *-to, -so* y *-cho*.

escribir	escri**to**
ver	vis**to**
hacer	he**cho**
decir	di**cho**
imprimir	impre**so**

Verbos regulares

Los **verbos regulares** son los que al conjugarlos conservan la primera parte, o raíz, igual y su segunda parte, o terminación, cambia siguiendo reglas determinadas.

Verbos irregulares

Los **verbos irregulares** son aquellos que al conjugarlos cambian su raíz y/o su terminación. Algunos de los verbos irregulares más comunes son *servir*, *jugar*, *pensar*, *ir* y *hacer*.

Modo indicativo

En las siguientes tablas aparece la conjugación de verbos regulares e irregulares en el modo indicativo. Éstos son los tiempos que las tablas incluyen:

El **presente** se utiliza cuando la acción coincide con el momento en que se habla.

Pablo **cuida** a su hermana menor.

El **pretérito imperfecto** expresa una acción pasada ocurrida en un periodo de tiempo.

Antes nosotros **estudiábamos** en casa.

El **pretérito** indica que la acción ocurrió completamente en el pasado.

Ellos **trabajaron** mucho ayer.

El **futuro** es el tiempo verbal que indica que la acción va a ser realizada después del momento en que se enuncia.

Yo **viviré** cerca de la playa el próximo año.

El **condicional** expresa la posibilidad de realizar la acción en cualquier tiempo.

Ernesto **jugaría** con nosotros.

Verbos regulares terminados en *-ar*: Cantar

MODO INDICATIVO	
Pronombre	**Presente**
yo	cant**o**
tú	cant**as**
él/ella	cant**a**
nosotros/nosotras	cant**amo**
vosotros/vosotras	cant**áis**
ellos/ellas	cant**an**
Pronombre	**Pretérito imperfecto**
yo	cant**aba**
tú	cant**abas**
él/ella	cant**aba**
nosotros/nosotras	cant**ábamos**
vosotros/vosotras	cant**abais**
ellos/ellas	cant**aban**
Pronombre	**Pretérito**
yo	cant**é**
tú	cant**aste**
él/ella	cant**ó**
nosotros/nosotras	cant**amos**
vosotros/vosotras	cant**asteis**
ellos/ellas	cant**aron**
Pronombre	**Futuro**
yo	cant**aré**
tú	cant**arás**
él/ella	cant**ará**
nosotros/nosotras	cant**aremos**
vosotros/vosotras	cant**aréis**
ellos/ellas	cant**arán**
Pronombre	**Condicional**
yo	cant**aría**
tú	cant**arías**
él/ella	cant**aría**
nosotros/nosotras	cant**aríamos**
vosotros/vosotras	cant**aríais**
ellos/ellas	cant**arían**

Verbos regulares terminados en -er: Comer

MODO INDICATIVO

Pronombre	Presente
yo	como
tú	comes
él/ella	come
nosotros/nosotras	comemos
vosotros/vosotras	coméis
ellos/ellas	comen

Pronombre	Pretérito imperfecto
yo	comía
tú	comías
él/ella	comía
nosotros/nosotras	comíamos
vosotros/vosotras	comíais
ellos/ellas	comían

Pronombre	Pretérito
yo	comí
tú	comiste
él/ella	comió
nosotros/nosotras	comimos
vosotros/vosotras	comisteis
ellos/ellas	comieron

Pronombre	Futuro
yo	comeré
tú	comerás
él/ella	comerá
nosotros/nosotras	comeremos
vosotros/vosotras	comeréis
ellos/ellas	comerán

Pronombre	Condicional
yo	comería
tú	comerías
él/ella	comería
nosotros/nosotras	comeríamos
vosotros/vosotras	comeríais
ellos/ellas	comerían

Verbos regulares terminados en *-ir*: Vivir

MODO INDICATIVO	
Pronombre	**Presente**
yo	viv**o**
tú	viv**es**
él/ella	viv**e**
nosotros/nosotras	viv**imos**
vosotros/vosotras	viv**ís**
ellos/ellas	viv**en**
Pronombre	**Pretérito imperfecto**
yo	viv**ía**
tú	viv**ías**
él/ella	viv**ía**
nosotros/nosotras	viv**íamos**
vosotros/vosotras	viv**íais**
ellos/ellas	viv**ían**
Pronombre	**Pretérito**
yo	viv**í**
tú	viv**iste**
él/ella	viv**ió**
nosotros/nosotras	viv**imos**
vosotros/vosotras	viv**isteis**
ellos/ellas	viv**ieron**
Pronombre	**Futuro**
yo	vivir**é**
tú	vivir**ás**
él/ella	vivir**á**
nosotros/nosotras	vivir**emos**
vosotros/vosotras	vivir**éis**
ellos/ellas	vivir**án**
Pronombre	**Condicional**
yo	viv**iría**
tú	viv**irías**
él/ella	viv**iría**
nosotros/nosotras	viv**iríamos**
vosotros/vosotras	viv**iríais**
ellos/ellas	viv**irían**

Verbos irregulares: Jugar

MODO INDICATIVO	
Pronombre	**Presente**
yo	juego
tú	juegas
él/ella	juega
nosotros/nosotras	jugamos
vosotros/vosotras	jugáis
ellos/ellas	juegan
Pronombre	**Pretérito imperfecto**
yo	jugaba
tú	jugabas
él/ella	jugaba
nosotros/nosotras	jugábamos
vosotros/vosotras	jugabais
ellos/ellas	jugaban
Pronombre	**Pretérito**
yo	jugué
tú	jugaste
él/ella	jugó
nosotros/nosotras	jugamos
vosotros/vosotras	jugasteis
ellos/ellas	jugaron
Pronombre	**Futuro**
yo	jugaré
tú	jugarás
él/ella	jugará
nosotros/nosotras	jugaremos
vosotros/vosotras	jugaréis
ellos/ellas	jugarán
Pronombre	**Condicional**
yo	jugaría
tú	jugarías
él/ella	jugaría
nosotros/nosotras	jugaríamos
vosotros/vosotras	jugaríais
ellos/ellas	jugarían

Verbos irregulares: Tener

MODO INDICATIVO	
Pronombre	**Presente**
yo	tengo
tú	tienes
él/ella	tiene
nosotros/nosotras	tenemos
vosotros/vosotras	tenéis
ellos/ellas	tienen
Pronombre	**Pretérito imperfecto**
yo	tenía
tú	tenías
él/ella	tenía
nosotros/nosotras	teníamos
vosotros/vosotras	teníais
ellos/ellas	tenían
Pronombre	**Pretérito**
yo	tuve
tú	tuviste
él/ella	tuvo
nosotros/nosotras	tuvimos
vosotros/vosotras	tuvisteis
ellos/ellas	tuvieron
Pronombre	**Futuro**
yo	tendré
tú	tendrás
él/ella	tendrá
nosotros/nosotras	tendremos
vosotros/vosotras	tendréis
ellos/ellas	tendrán
Pronombre	**Condicional**
yo	tendría
tú	tendrías
él/ella	tendría
nosotros/nosotras	tendríamos
vosotros/vosotras	tendríais
ellos/ellas	tendrían

Verbos irregulares: Venir

MODO INDICATIVO	
Pronombre	**Presente**
yo	vengo
tú	vienes
él/ella	viene
nosotros/nosotras	venimos
vosotros/vosotras	venís
ellos/ellas	vienen
Pronombre	**Pretérito imperfecto**
yo	venía
tú	venías
él/ella	venía
nosotros/nosotras	veníamos
vosotros/vosotras	veníais
ellos/ellas	venían
Pronombre	**Pretérito**
yo	vine
tú	viniste
él/ella	vino
nosotros/nosotras	vinimos
vosotros/vosotras	vinisteis
ellos/ellas	vinieron
Pronombre	**Futuro**
yo	vendré
tú	vendrás
él/ella	vendrá
nosotros/nosotras	vendremos
vosotros/vosotras	vendréis
ellos/ellas	vendrán
Pronombre	**Condicional**
yo	vendría
tú	vendrías
él/ella	vendría
nosotros/nosotras	vendríamos
vosotros/vosotras	vendríais
ellos/ellas	vendrían

Los verbos **copulativos** funcionan como enlace entre el sujeto y el atributo o cualidad. Los principales verbos copulativos son *ser, estar* y *parecer*.

Verbo copulativo *ser*

Pronombre	Presente	Pretérito imperfecto
yo	soy	era
tú	eres	eras
él/ella	es	era
nosotros/nosotras	somos	éramos
vosotros/vosotras	sois	erais
ellos/ellas	son	eran
Pronombre	**Pretérito**	**Futuro**
yo	fui	seré
tú	fuiste	serás
él/ella	fue	será
nosotros/nosotras	fuimos	seremos
vosotros/vosotras	fuisteis	seréis
ellos/ellas	fueron	serán

Verbo copulativo *estar*

Pronombre	Presente	Pretérito imperfecto
yo	estoy	estaba
tú	estás	estabas
él/ella	está	estaba
nosotros/nosotras	estamos	estábamos
vosotros/vosotras	estáis	estabais
ellos/ellas	están	estaban
Pronombre	**Pretérito**	**Futuro**
yo	estuve	estaré
tú	estuviste	estarás
él/ella	estuvo	estará
nosotros/nosotras	estuvimos	estaremos
vosotros/vosotras	estuvisteis	estaréis
ellos/ellas	estuvieron	estarán

El pronombre personal

El **pronombre personal** es una palabra que sustituye a los nombres de las personas. En gramática se distinguen tres personas: primera persona, que es la que habla; segunda persona, que es la que escucha; y tercera persona, que es la que ni habla ni escucha. Los pronombres personales pueden cumplir o no la función de sujetos. La siguiente tabla muestra las formas del pronombre personal que pueden ser sujeto.

Formas personales	Singular	Plural
Primera persona	*yo*	*nosotros, nosotras*
Segunda persona	*tú, usted*	*vosotros, vosotras, ustedes*
Tercera persona	*él, ella*	*ellos, ellas*

Cuando el pronombre actúa como sujeto, concuerda con el verbo en género y número.

> **Ella** va a la escuela.
> **Nosotros** somos amigos.

Los pronombres personales que no pueden cumplir la función de sujeto, sustituyen a complementos del predicado. La siguiente tabla muestra las formas del pronombre personal que no pueden ser sujeto de una oración.

Formas personales	Singular	Plural
Primera persona	me, mí (conmigo)	nos
Segunda persona	te, ti (contigo)	os, se
Tercera persona	se, sí (consigo)	los, las, les, se
	lo, la, le	

El pronombre posesivo

El pronombre posesivo sustituye al sustantivo y sirve para expresar a quién pertenece algo. El pronombre posesivo concuerda en género y número con la cosa poseída. La siguiente tabla muestra los pronombres posesivos.

Cosa poseída	Poseedor		
	Primera persona	Segunda Persona	Tercera persona
el, la	mío, mía	tuyo, tuya	suyo, suya
	nuestro, nuestra	vuestro, vuestra	suyo, suya
los, las	míos, mías	tuyos, tuyas	suyos, suyas
	nuestros, nuestras	vuestros, vuestras	suyos, suyas

Concordancia entre el pronombre y el verbo

La concordancia es la armonía que debe guardar el verbo con el pronombre. El verbo debe concordar en número y persona con el pronombre.

Ella corre con sus amigos.
Ellos salen a jugar.

El adjetivo

El **adjetivo** es la palabra que expresa las cualidades de las personas, las cosas y los lugares. Sirve para describir al sustantivo. El adjetivo nos da información acerca del tamaño, el color, el peso, la forma, etc., de las personas, las cosas y los lugares.

El **adjetivo** tiene formas de singular y plural. Al igual que los sustantivos, para formar el plural, los adjetivos que terminan en vocal adoptan -*s* al final y los que terminan en consonante adoptan -*es*.

marrón   marron**es**
baja   baj**as**

El **adjetivo** puede tener género masculino o femenino. En general, los adjetivos femeninos terminan en -a y los adjetivos masculinos terminan en -o.

pequeño   pequeña
estudiosos   estudiosas

Existen adjetivos que no varían su forma en masculino y femenino.

amable gran inteligente caliente total

Los adjetivos pueden ser calificativos, numerales, posesivos y demostrativos

El adjetivo calificativo

El **adjetivo calificativo** es aquél que indica cómo es el sustantivo. Nos da información acerca del tamaño, el color, el peso, la forma, etc., del mismo. El adjetivo calificativo va junto al sustantivo, delante o detrás. También puede estar unido al sujeto por un verbo copulativo.

Tengo una **bonita** muñeca.
El león es **perezoso**.

El adjetivo numeral

El **adjetivo numeral** es aquél que indica cantidad u orden. Si un adjetivo numeral indica la cantidad exacta de las cosas, se denomina numeral cardinal. Si indica el orden de la cosas, se denomina numeral ordinal.

Tengo **dos** libros. *(numeral cardinal)*
Carlota es la **segunda** niña en la fila. *(numeral ordinal)*

El adjetivo posesivo

El **adjetivo posesivo** indica a quién pertenece algo, es decir, qué persona o personas son los poseedores de la cosa nombrada. El adjetivo posesivo debe concordar en género y número con la cosa poseída.

¿Tienes **tus** zapatos?

La siguiente tabla muestra los adjetivos posesivos según el poseedor y la cantidad de cosas poseídas.

Cosa poseída	Poseedor		
	Primera persona	Segunda persona	Tercera persona
una	mi	tu	su
	nuestro, nuestra	su	su
más de una	mis	tus	sus
	nuestros, nuestras	sus	sus

El adjetivo demostrativo

El **adjetivo demostrativo** sirve para señalar si la cosa o persona nombrada por el sustantivo está cerca o lejos de la persona que habla.

José y yo fuimos a **ese** restaurante.

La siguiente tabla muestra los adjetivos demostrativos:

Referencia	Singular		Plural	
cerca	este	esta	estos	estas
ni cerca ni lejos	ese	esa	esos	esas
lejos	aquel	aquella	aquellos	aquellas

Los adjetivos demostrativos *este, esta, estos* y *estas* señalan algo que está cerca de la persona que habla; *ese, esa, esos y esas* señalan algo que no está ni cerca ni lejos de ella; y *aquel, aquella, aquellos y aquellas*, lo que está lejos de quien habla.

Adjetivos: el grado comparativo

Podemos usar adjetivos para comparar sustantivos. El adjetivo tiene diferentes intensidades o grados de significación. Estos grados son el comparativo y el superlativo. Se usa el **grado comparativo** para comparar. Se pueden hacer comparaciones usando la estructura *más +* adjetivo *+que y menos +* adjetivo *+ que*. También se pueden hacer comparaciones que indiquen igualdad usando *tan* + adjetivo + *como*.

Tu maleta está **más sucia que** la mía.
Teresa tiene **menos juguetes que** Rosa.
Son **tan estudiosos como** ellos.

Algunos adjetivos comparativos ya expresan la comparación en una sola palabra: **mejor, peor,**

menor, mayor, superior, inferior. No llevan nunca *más* o *menos.*

Sarita es **menor** que su hermana.

Adjetivos: el grado superlativo

Se usa el **superlativo** para expresar la máxima intensidad de la cualidad expresada por el adjetivo. En este caso se usa la estructura *el/la más* + adjetivo o *el/la menos* + adjetivo.

el más grande   la menos aburrida
el más lento   la más rápida

Algunos adjetivos usan otras estructuras para formar el grado superlativo y el comparativo.

bueno   mejor que   el mejor
malo   peor que   el peor
grande   mayor que   el mayor

El adverbio

El **adverbio** es una palabra que modifica a un verbo, un adjetivo u otro adverbio. El adverbio no cambia de forma para indicar el género, el número o la persona. El adverbio debe ir lo más cerca posible de la palabra que modifica.

Marta duerme **tranquilamente**.
(modifica a un verbo)

La piscina es **muy** pequeña.
(modifica a un adjetivo)

José camina **bastante** lento.
(modifica a un adverbio)

Adverbios que dicen *cómo*

Los adverbios que dicen *cómo* indican la forma en que se realiza la acción. Muchos de estos adverbios terminan en *-mente*. La siguiente lista corresponde a adverbios que dicen *cómo*: bien, mal, deprisa, rápidamente, despacio, lentamente.

Paula corre **velozmente.**
La maestra enseña **bien.**

Adverbios que dicen *cuándo*

Los adverbios que dicen *cuándo* indican el momento en que se realiza la acción. La siguiente lista corresponde a adverbios que dicen *cuándo*: ahora, después, antes, temprano, mañana, ayer.

Llegamos **temprano**.

Adverbios que dicen *dónde*

Los adverbios que dicen *dónde* indican el lugar donde ocurre la acción: aquí, allí, acá, cerca, lejos, arriba, abajo.

La taza está **allá**.

Adverbios que dicen cuánto

Los adverbios que dicen *cuánto* indican la cantidad en que se realiza la acción: poco, mucho, demasiado, bastante.

Mi primo brinca **mucho.**

TÉRMINOS DE ESCRITURA

antes de escribir	Etapa del proceso de escritura en la cual el escritor se prepara para escribir el primer borrador: elige un tema, un propósito y un público; planea, investiga y organiza las ideas.
carta	Texto formal o informal que envía una persona a otra. Las cartas tienen seis partes. Una carta personal es de naturaleza personal. Una

carta formal está escrita para un público generalmente desconocido por el autor.

comparar	Explicar en qué se asemejan y/o en qué se diferencian dos o más cosas.
contrastar	Explicar en qué se diferencian dos o más cosas.
corregir	Leer un escrito para corregir los errores que haya en él.
correo electrónico	Sistema de comunicación de mensajes escritos a través de una red electrónica.
cuento	Relato breve de sucesos que se inventan. Los cuentos pueden ser de muchos tipos: populares, fantásticos, de hadas, de ciencia ficción, etc.
detalles	Hechos, ejemplos o descripciones que proporcionan información extra sobre la idea principal de un párrafo.
diagrama	Dibujo en donde se presenta la información de una forma más fácil de comprender.
escritura comparativa	Tipo de escritura que compara dos o más cosas.

71

escritura de entretenimiento	Tipo de escritura que entretiene, divierte o intriga al lector. Por lo general es una obra cómica. Su propósito es entretener al lector.
escritura libre	Forma de hacer surgir ideas simplemente escribiendo sin detenerse para corregir errores.
escritura descriptiva	Tipo de escritura que describe una persona, un lugar o una cosa.
escritura explicativa	Tipo de escritura que explica de una manera clara y lógica cómo hacer algo.
escritura expositiva	Tipo de escritura que presenta hechos e información de una manera clara, precisa y completa.
escritura persuasiva	Tipo de escritura que intenta persuadir a otros de compartir la opinión del autor.
escritura reflexiva	Tipo de escritura en la cual se expresan los pensamientos, ideas o sentimientos personales.
estilo	Uso general del lenguaje de un escritor.
hacer un borrador	Escribir el primer esquema de un escrito.
hacer una ayuda gráfica	Forma de ordenar las ideas reuniéndolas bajo diferentes temas.

hacer una lista	Forma de organizar los pensamientos escribiéndolos y poniéndolos en orden (usando generalmente números).
hacer una red de palabras	Forma de agrupar ideas reuniendo detalles relacionados a un tema específico de escritura.
imágenes sensoriales	En una descripción, las imágenes (lenguaje figurado) que atraen los cinco sentidos del lector: la vista, el oído, el gusto, el olfato y el tacto.
informe	Texto que proporciona información sobre un tema específico. La reseña de un libro es un informe que proporciona información y la opinión del autor sobre un libro. Un informe de investigación reúne información de diferentes fuentes sobre un tema.
instrucciones	Explicación o conjunto de indicaciones sobre cómo hacer algo. Los pasos en las instrucciones están ordenados de una manera lógica, para que así las personas puedan repetir la actividad.
línea cronológica	Dibujo que muestra sucesos en el orden de tiempo en que ocurrieron.

lista	Enumeración de cosas, como tareas o detalles del tema, que puede ser usada como guía para la escritura.
lluvia de ideas	Forma de obtener ideas para escribir, haciendo una lista de tus pensamientos sobre un tema.
mapa de un cuento	Forma de reunir ideas y detalles importantes para escribir sobre un tema.
narración personal	Tipo de escritura en la cual el autor cuenta algo que ha sucedido en su vida.
oración principal	Idea central contenida en un párrafo u obra.
orden cronológico	Disposición de sucesos en el mismo orden en que ocurrieron en el tiempo. Algunas palabras que indican el orden de los sucesos en el tiempo son *primero, después, luego* y *por último.*
orden lógico	Disposición de las ideas en un orden que tiene sentido y es fácil de seguir para el lector.
párrafo	Sección de una obra escrita que tiene una idea principal, varias oraciones con detalles y comienza con sangría en una línea nueva.

proceso de escritura	Etapas involucradas en la escritura, las cuales incluyen a menudo la etapa antes de escribir, hacer un borrador, revisar, corregir y publicar.
propósito	Razón que tiene el escritor para escribir.
publicar	Forma de presentar el trabajo escrito a un público; por ejemplo, publicándolo en el periódico escolar o colgándolo en el boletín de la escuela.
público	Quienes leen lo que has escrito.
resumen	Recuento breve de las ideas principales de un texto.
reunión	Encuentro entre el escritor y otras personas para comentar sobre un escrito.
revisar	Mejorar un borrador elaborando, sumando o quitando información, escribiendo nuevas oraciones o cambiando el orden de las palabras.
tono	Forma particular del escritor de expresar sus sentimientos. El tono puede ser formal, informal, humorístico, etc.
voz	Lenguaje y tono particular de un escritor que lo diferencia de los demás escritores

TÉRMINOS GRAMATICALES

adjetivo Palabra que sirve para describir a las personas, las plantas, los animales, las cosas y los lugares.

José me regaló una *hermosa* flor.

adjetivo calificativo Palabra que acompaña al sustantivo e indica alguna cualidad de la persona, del lugar o la cosa mencionada.

casa *vieja*

adjetivo comparativo Adjetivo que se usa para comparar personas o cosas.

Él es el hermano *mayor.*

adjetivo demostrativo El adjetivo demostrativo es la palabra que se escribe delante del sustantivo y sirve para señalar un objeto concreto.

Este libro es nuevo.

adjetivo numeral El adjetivo numeral es la palabra que sirve para expresar el número de cosas o personas que se mencionan.

dos amigos   *diez* personas

adjetivo posesivo	Es la palabra que se usa para expresar a quién pertenece una cosa.
	tus lápices *mi* cuaderno
adverbio	El adverbio es la palabra que expresa dónde, cómo, cuándo, y en qué cantidad ocurren las cosas.
	El muchacho está *allí*.
	María lee *rápidamente*.
antónimo	El antónimo es la palabra que tiene el significado contrario de otra palabra.
	grande—chico limpio—sucio bonito—feo
artículo	El artículo es la palabra que precede al sustantivo: *el, la, los, las, un, una, unos, unas.*
	el cuaderno *una* camisa
concordancia	La concordancia es el acuerdo que existe entre las palabras. El artículo, el sustantivo y el adjetivo concuerdan en género y número. El sujeto y el verbo concuerdan en número y persona.
	Los muchachos estudiosos.
	Ellas cantan.
	Yo bailo.

frase	La frase es un conjunto de palabras que no tiene sentido en sí mismo. las personas buenas
infinitivo	Es la palabra que le da el nombre al verbo. El infinitivo siempre termina en **-ar, -er** o **-ir.** comer beber reír
oración	La oración es un conjunto de palabras que expresa un pensamiento completo. Ana come peras.
oración enunciativa	La oración enunciativa es el grupo de palabras que afirma o niega algo. Pedro llegará a las nueve. El gato no juega con el agua.
oración exclamativa	La oración exclamativa es la que sirve para expresar sorpresa, tristeza, alegría o miedo. ¡Llegó mi papá! ¡Qué pena, comenzó a llover!
oración imperativa	La oración imperativa es la que sirve para dar una orden. No hables en clase. Ve a dormir.

oración interrogativa	La oración interrogativa es la que sirve para hacer una pregunta.

¿Quién está en la sala? |
| **predicado** | El predicado es lo que se dice del sujeto.

La maestra de inglés *vive en mi barrio.* |
| **pronombre** | El pronombre es la palabra que sirve para sustituir al nombre. |
| **pronombre personal** | El pronombre personal es la palabra que sirve para sustituir a un nombre de persona.

Yo hago deporte.
Ellas comen manzanas. |
| **pronombre posesivo** | El pronombre posesivo es la palabra que sustituye al sustantivo y expresa a quién pertenece una cosa.

El *mío* es el más bello.
Los *suyos* están en la cocina. |
| **sinónimo** | El sinónimo es la palabra que tiene el mismo significado que otra palabra.

roca-piedra   montaña-monte   tela-tejido |

sujeto	El sujeto es la palabra o conjunto de palabras que realizan la acción del verbo.
	Alejandro es alto.
	Las rosas amarillas son mis favoritas.
sujeto compuesto	El sujeto compuesto es aquel en el que se mencionan dos o más personas.
	Elisa y Alfonso son hermanos.
sustantivo	El sustantivo es la palabra que nombra a las personas, las plantas, los animales, las cosas y los lugares.
	Alicia margarita león piedra pueblo
sustantivo aumentativo	El sustantivo aumentativo es el que expresa que el objeto mencionado es grande.
	fuert**ote** hombre**tón** grand**ota**
sustantivo común	El sustantivo común es la palabra que nombra plantas, cosas, animales y lugares.
	palmera puerta lámpara patio
sustantivo diminutivo	El sustantivo diminutivo es el que expresa que el objeto mencionado es pequeño.
	vas**ito** cas**ita** ratonc**ito**

sustantivo femenino	El sustantivo femenino es el que generalmente termina en **-a.** manzana prima vecina
sustantivo masculino	El sustantivo masculino es el que generalmente termina en **-o.** maestro zapato gato
sustantivo plural	El sustantivo plural es la palabra que nombra a más de una persona, planta, animal, cosa o lugar. casas jirafas niños
sustantivo propio	El sustantivo propio es la palabra que nombra a las personas, las ciudades, los países, los continentes, los ríos, los lagos, etc. Roberto Houston Colombia América
sustantivo singular	El sustantivo singular es la palabra que nombra a una sola persona, planta, animal, cosa o lugar. bolsa pastel cuchara jugo
verbo	El verbo es la palabra que dice lo que una persona es o hace. Ángela **es** inteligente. Ella **lee** un libro.

TÉRMINOS LITERARIOS

ambiente   Lugar y tiempo en que transcurre un relato o narración.

autobiografía   Relato que escribe una persona acerca de su vida.

biografía   Relato que escribe una persona acerca de la vida de otra persona.

cuento   Relato breve de sucesos que se inventan.

cuento exagerado   Un cuento en el cual los personajes son exageradamente grandes y tienen la capacidad de llevar a cabo acciones extraordinarias.

diálogo   Conversación que tienen los personajes de un cuento o de una obra de teatro.

ficción   Obra escrita que habla sobre personajes y sucesos imaginarios.

letra   Texto de una canción.

no ficción   Obra escrita acerca de situaciones o personas que sucedieron realmente.

perfil del personaje   Descripción detallada del carácter de un personaje.

personaje	Persona, animal u objeto personificado que juega un papel en un cuento o una obra de teatro.
poema	Composición escrita en verso.
repetición	Lo que se dice una y otra vez.
rima	Cuando dos palabras terminan iguales o se parecen. Sobre todo al final de cada verso en una poesía.
ritmo	La forma en que se combinan las sílabas fuertes y débiles en un poema o una canción, como al compás de la música.
tema	La idea principal en una obra escrita.
trama	Lo que pasa en un cuento, novela, obra de teatro, poema o narración personal.
verso	Cada una de las líneas que constituyen un poema.

ORTOGRAFÍA Y VOCABULARIO

La sílaba tónica y el acento ortográfico

Las palabras tienen una sílaba que se pronuncia con mayor intensidad. A esta sílaba donde recae el acento se le llama **sílaba tónica.**

ca**rro**za

A veces se marca el acento por escrito y se llama **acento ortográfico.**

tibu**rón**

Las palabras se clasifican según su sílaba tónica en agudas, graves o llamas, esdrújulas y sobresdrújulas.

Las palabras que terminan en sílaba tónica se llaman **agudas.** Todas las palabras agudas terminadas en vocal (a, e, i ,o, u) o en las consonantes *n* o *s* llevan acento ortográfico.

pa**pá**   bal**ón**   sal**ón**

Las palabras que tienen la sílaba tónica en la penúltima sílaba se llaman **llanas** (o graves). Las palabras llanas terminadas en consonante llevan acento ortográfico, con excepción de las que terminan en *n* o *s.*

lápiz   **án**gel   **ga**to

Las palabras que tienen la sílaba tónica en la antepenúltima sílaba se llaman **esdrújulas**. Siempre llevan acento ortográfico.

pétalo   **ló**gico   **mí**mica

Las palabras que tienen la sílaba tónica en la sílaba anterior a la antepenúltima sílaba se llaman **sobresdrújulas**. Siempre llevan acento ortográfico.

mándamelo

Reglas de ortografía

Las reglas de ortografía te pueden ayudar a escribir las palabras correctamente.

La letra c

La letra **c** tiene dos sonidos. Cuando se escribe delante de las vocales **a, o, u,** suena como una **k.**

caracol   **co**rtina

Cuando se escribe delante de las vocales **e, i,** suena parecido a la **z.**

cera   **ci**ma

Para conseguir el sonido de la k con las vocales **e, i,** es necesario usar la letra **q** seguida siempre de la **u**. La **u** en estos casos no se pronuncia.

queso   **qu**ince

Las letras *c, s* y *z*

Estas tres letras pueden tener sonidos parecidos. Para obtener el sonido suave delante de **a, o, u,** siempre se usa la **s** o la **z.**

sol   **zu**mbido   **sa**ltar

La **c** tiene un sonido suave solo delante de las vocales **e, i.**

cine   a**ce**ite

La letra *g*

La **g** tiene un sonido suave delante de las vocales **a, o, u.**

garaje   **go**ma   **gu**sano

Delante de las vocales **e, i,** tiene un sonido fuerte parecido a la **j.**

gema   **gi**ro

Para que la **g** tenga un sonido suave delante de las vocales **e, i,** es necesario añadir una **u** entre la **g** y estas vocales. La **u** en estos casos no se pronuncia.

meren**gue**   **gui**so

La letra *k*

La letra **k** se pronuncia igual que la **c** delante de la **a, o, u** y la **q** delante de **ue** y **ui**. Hay muy pocas palabras en español con **k**. El origen de estas palabras es extranjero.

kiwi   **ki**mono

Palabras con *mb* y *mp*

Las palabras que tienen **mb** y **mp** se escriben siempre con **m**. No se escriben nunca con **n** aunque el sonido te pueda confundir.

ro**mb**o   mari**mb**a   ca**mp**ana

Palabras con *nv* y *nf*

Las palabras con **nv** y **nf** se escriben siempre con **n**. No se escriben nunca con **m** aunque el sonido te pueda confundir.

i**nv**isible   co**nv**ertible   e**nf**urecer

La letra *b*

Se escriben con **b**:

Todas las palabras que tienen las sílabas **bla, ble, bli, blo, blu.**

nie**bla**   mue**ble**   o**bli**gar   dia**blo**   **blu**sa

Todas las palabras que tienen las sílabas **bra, bre, bri, bro, bru.**

brasa   **bre**va   ca**bri**to   ene**bro**   **bru**ma

La letra *v*

Las palabras que empiezan por **pre, pri, pro.**

previo   **pri**var   **pro**vincia

Los nombres y adjetivos que terminan en **ava, ave, avo, eva, eve, iva, ivo.**

oct**ava**   cl**ave**   p**avo**   ll**eva**   ni**eve**   v**iva** mot**ivo**

Excepciones: ár**abe**, síl**aba**, pru**eba**

Palabras con *r* y *rr*

La letra **r** tiene dos sonidos: uno simple, o suave, y otro múltiple, o fuerte. La letra **r** suena fuerte cuando es la primera letra de la palabra.

roca   **r**ana

También es fuerte cuando está colocada después de las consonantes **l, n, s.**

al**r**ededor   en**r**edado   Is**r**ael

El sonido de la **r** es suave en una posición intermedia o al final de la palabra.

a**r**aña   baila**r**

Para que la **r** suene fuerte entre dos vocales se debe escribir dos veces.

ca**rr**usel   pe**rr**o

Palabras con *h*

Se escriben con **h** todas las formas de los verbos **haber** y **hacer.**

hubo   **h**emos   **h**aya   **h**izo   **h**aces   **h**acemos

El sonido *ch*

El sonido **ch** se representa con dos letras. Cuando la **ch** está al principio de párrafo, después de un punto y seguido, o forma parte de un nombre propio, sólo la **c** se escribe en mayúscula.

Chavelí   ca**ch**orro

La letra *ñ*

El sonido **ñ** no es característico del español. Sin embargo, la letra que lo representa, la **ñ**, sólo existe en la lengua española.

año   caña

Palabras problema

Hay palabras a las que debemos prestar más atención ya que a veces es difícil recordar su ortografía.

digital	hacer	invasión
extremo	activo	imperio

Prefijos y Sufijos

El **prefijo** es una partícula que se antepone a una palabra y modifica el significado de ésta.

Prefijos	Significado	Ejemplos
archi-	intensificación	**archi**millonario
co-	compañía, juntar	**co**operativa

El sufijo es una partícula que se agrega al final de una palabra y modifica el significado de ésta.

Sufijos	Significado	Ejemplos
-ico	diminutivo	gat**ico**
-ote	aumentativo	carr**ote**

Sinónimos y antónimos

Cuando dos palabras tienen significado parecido se llaman **sinónimos.**

> **Creo** que es un hermoso día.
>
> **Supongo** que es un hermoso día.

Las palabras *creo* y *supongo* son sinónimos. Dos palabras son **antónimas** cuando sus significados son opuestos.

> **Siempre** llego a las nueve a la escuela.
>
> **Nunca** llego a las nueve a la escuela.

Las palabras siempre y nunca son antónimos.

Palabras compuestas

Las **palabras compuestas** son aquéllas formadas por dos palabras cortas.

tragaluz	espantapájaros	milhojas
pasacalles	rompecabezas	altavoz

Modelos de escritura

CONTENIDO

MODELOS DE ESCRITURA

NARRACIÓN PERSONAL

¡Sorpresa!

El lunes pasado cumplí siete años. Yo sabía que algo iba a pasar. Sabía que mamá prepararía panqueques para el desayuno. Ella sabe que para mí los panqueques son la mejor cosa del mundo.

Mamá también hizo pastelitos para mi clase. Yo sabía entonces, que todos iban a cantarme "Feliz cumpleaños". Y tuve razón.

Yo sabía que esa noche íbamos a salir todos a comer hamburguesas. Pero después, hubo algo que yo no sabía que iba a pasar. ¡Encontré en mi cuarto una bicicleta nueva! Esa sí que fue una gran sorpresa.

Mi terrible, horrible, horrendo, malo, pésimo día

Anoche no podía dormir. El agua goteó toda la noche en el lavamanos. En el desayuno, mi hermano se comió toda la mermelada. Tuve que comer sólo mantequilla de cacahuate. ¡Odio la mantequilla de cacahuate! Después, camino a la escuela, me caí, me hice un chichón en la cabeza y rompí los pantalones. En la escuela me pusieron muchas tareas. Cuando fuimos a recoger a papá a la estación del tren, él me dijo que yo tenía que hacer todas las tareas antes de la cena. En la cena había sopa. ¡Odio la sopa! Cuando al fin me fui a la cama, no podía encontrar mi osito. Estaba perdido. Fue un terrible, horrible, horrendo, malo, pésimo día.

recuerda

No olvides decir cómo te sentiste.

95

Mi cuarto

Mi cuarto es fabuloso. Tiene una alfombra azul. También las paredes son azules. Las cortinas son a rayas. Hay muchas cosas para observar en mi cuarto. Tengo un cartel grande de mi equipo favorito de fútbol. Tengo una foto de mi clase. Tengo también un espejo en la puerta.

Mi cama y mi tocador son de madera de color café claro. Cada cajón del tocador tiene dos manillas azules. En el armario están todos mis juguetes y zapatos. Mi cuarto huele bien, como flores que acaban de brotar. Mantengo la radio prendida para que siempre haya música. Me gusta mi cuarto.

La maestra substituta

Hoy tuvimos una maestra substituta. Su nombre es Sra. Gruber. Es muy bonita. Tiene el pelo color café, muy corto y crespo. Además, tiene aretes redondos de oro. No sé de qué color son sus ojos. Usa gafas de oro, como sus aretes. La Sra. Gruber tiene una sonrisa simpática. Huele bien, como las galletas con aroma. Tiene las manos suaves. La Sra. Gruber es alta como el Sr. Medina. Él es muy alto. A mí me agrada la Sra. Gruber porque es muy amable con nosotros. Me dijo que soy buen escritor, y me puso una estrella en mi trabajo. Espero que nos vuelva a enseñar cuando el Sr. Medina no venga.

recuerda

Los detalles dan vida a una descripción.

ESCRITURA EXPLICATIVA

Golosina de arroz crujiente

INGREDIENTES
1/2 barra de mantequilla
una bolsa de malvaviscos
6 tazas de arroz crujiente

Primero, derrite la mantequilla. Después, derrite los malvaviscos en una sartén. Luego, coloca la mantequilla, los malvaviscos y el arroz en la sartén. Mézclalo todo. Alisa la superficie para que quede plana. Por último, colócalo en el refrigerador por una hora. ¡Córtalo y cómetelo!

¡ojo!

Revisa los ingredientes para asegurarte de que tienes las cantidades correctas.

Cómo jugar a "Luz roja, luz verde"

1. Necesitan un espacio grande.

2. Escojan a alguien que haga de semáforo y se pare en un lado.

3. Los otros jugadores forman una fila en el lado opuesto.

4. El semáforo se voltea dándoles la espalda y grita "¡luz verde!". Los jugadores corren hacia el semáforo.

5. Después el semáforo grita "¡luz roja!". Todos los jugadores se congelan. El semáforo se da vuelta. Si ve a alguien moviéndose, ese jugador regresa al punto de partida.

6. El juego continúa hasta que alguien toca al semáforo cuando éste se voltée. Esa persona se convierte en el nuevo semáforo.

recuerda

Los pasos numerados son fáciles de seguir.

ESCRITURA COMPARATIVA

Gatos y perros

Los gatos y los perros tienen mucho en común. Ambos tienen un pelaje suave que es agradable tocar. También les gusta comer carne. En estado salvaje, ambos cazan. Y si viven con personas, algunas veces les gusta comer golosinas. Como los cachorritos, los gatitos beben leche de sus madres y nacen en camadas.

Pero en muchas cosas, los perros y los gatos son animales muy diferentes. Los perros pueden aprender a coger la pelota o traer el periódico. Si están contentos, ladran y mueven la cola. Los gatos, por lo general, no quieren aprender a hacer trucos. Ellos juegan con una bola de cuerda, ¡pero nunca vas a ver un gato trayendo el periódico! Los gatos también hacen ruiditos y ronronean cuando están contentos.

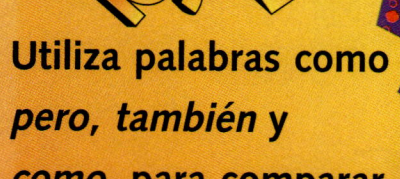

¡ojo!

Utiliza palabras como *pero, también* y *como*, para comparar.

Dos primas

Mi prima Melisa es una compañera fabulosa. Nos encanta jugar juntas. A ambas nos gusta el *fútbol*, las carreras de relevos, y trepar árboles. También nos gusta realizar proyectos juntas, como hacer collares, hornear galletas o pintar dibujos.

Pero nos gusta comer cosas diferentes. A Melisa le encantan las palomitas de maíz en el cine, y yo prefiero una barra de dulce. A ella le gustan los perros calientes con salsa de tomate, pero a mí me gustan simples. Por lo general, no nos gustan las mismas comidas, excepto cuando se trata de galletas. Como yo, Melisa piensa que las galletas de mantequilla de cacahuete son las mejores. Por lo menos, nos ponemos de acuerdo para divertirnos y para comer galletas.

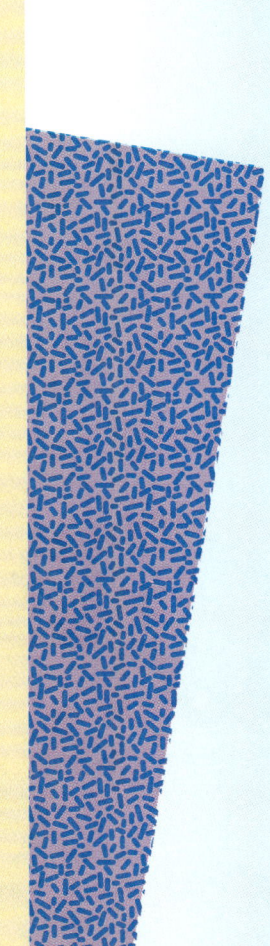

ESCRITURA EXPOSITIVA

LAVADERO DE AUTOS EN SÁBADO

La banda de la Escuela Benito Juárez puso a funcionar un lavadero de autos el sábado pasado. El lavadero de autos funcionó en la escuela, en la esquina de la calle principal y la carretera del bosque. Cobraban $3.00 por auto y $4.00 por camión. Por $2.00 más, te limpiaban la parte de adentro del auto. "Su auto quedará reluciente", decía Memo Gómez, el líder de la banda. El dinero va a utilizarse para comprar nuevos uniformes para que la banda marche en el desfile del pueblo. En el otoño, van a volver a lavar autos para comprar tambores nuevos.

El árbol gigante

El árbol más grande del mundo es una secuoya gigante. Este árbol está en el Parque Nacional de las Secuoyas, en las montañas de la Sierra Nevada de California, junto a otros grandes árboles de la misma especie. Mide 272 pies de alto y tiene 3,200 años. Lo llaman el árbol del General Sherman.

Los indígenas norteamericanos conocían este árbol, pero durante mucho tiempo nadie más lo había vuelto a ver. Augustus T. Dowd descubrió el árbol en 1852.

Antes se cortaban muchos de estos árboles, pero hoy en día nadie los puede cortar. La ley los protege. De esta forma, todo el mundo puede disfrutarlos. Muchas personas van a ver esta secuoya gigante.

¡ojo!

Ordena tus detalles de forma que tengan sentido.

El loro Piquito

Piquito vivía en la jaula de un zoológico con otros pájaros. Se preguntaba cómo sería el mundo de afuera, y un día voló al pueblo. Piquito miraba todo. Fue a una casa y miró por las ventanas. Después se sentó en la rama de un manzano.

Piquito extrañaba a sus amigos del zoológico. Encontró un camino hecho con las plumas de su cola. El camino lo llevó de regreso a casa. Cuando Piquito regresó, todos los pájaros lo aplaudieron.

Sopa de piedra para el segundo grado

A Miguel le gustaba el segundo grado. Su maestro era el Sr. Unser. La clase del Sr. Unser leía muchos cuentos. El maestro les había enseñado a representar sus cuentos favoritos.

Una vez, la clase hizo una obra de teatro sobre el cuento "Sopa de piedra". La parte favorita de Miguel fue cuando hicieron una sopa. ¡Miguel interpretó al cocinero! Se divirtió mucho haciendo el papel de alguien que trataba de hacer con solo una piedra algo rico para comer... ¡Y, por supuesto, todo lo que sucedió después!

recúerda

¡Un cuento se puede convertir en obra de teatro!

Illustration
Part 1: Wallace Keller 4-5, 6 (strip), 14 (strip), 24 (strip), 26 (strip); BB&K (tech art) 6, 7, 9, 10, 11; Randy Chewning 14-15; Joel Snyder 16-17, 25; Elliot Kreloff 27. **Part 2:** Shelley Dieterichs 28-29, 30 (strip), 42 (strip), 84 (strip); Elliot Kreloff 31, 38, 41, 44, 47, 48, 51, 56; Brian Karas 32, 33, 36, 37; Bonnie Matthews 35; BB&K (tech art) 39, 40, 67; Peter Spacek 49, 58; Joel Snyder 46; Rémy Simard 51; Tuko Fujisaki 69; BB&K (tech art) 87; Jennifer Beck 91; **Part 3:** Cyd Moore 92, 93, 94 (strip); BB&K (tech art) 94-95, 101; Bonnie Matthews 98, 99, 100, 101, 102a, 102b (paper); Joel Snyder 99.

Design and Production by BB&K Design Inc.